FACULTÉ DE DROIT DE PARIS.

THÈSE
POUR LA LICENCE.

L'acte public sur les matières ci-après sera présenté et soutenu le jeudi
25 mars 1858, à onze heures,

Par ÉLIE-LOUIS CORRE,

Né à Libourne (Gironde).

PARIS,

TYPOGRAPHIE DE HENRI PLON,

IMPRIMEUR DE L'EMPEREUR,

8, RUE GARANCIÈRE.

1858

THÈSE
POUR LA LICENCE.

L'acte public sur les matières ci-après sera présenté et soutenu le jeudi
25 mars 1858, à onze heures,

Par ÉLIE-LOUIS CORRE,

Né à Libourne (Gironde).

Président : M. DUVERGER, professeur.

Suffragants :
MM. BUGNET,
ROYER COLLARD, } professeurs.
FERRY,
RATAUD, } suppléants.

Le Candidat répondra en outre aux questions qui lui seront adressées
sur les autres matières de l'enseignement.

PARIS

TYPOGRAPHIE DE HENRI PLON,

IMPRIMEUR DE L'EMPEREUR,

RUE GARANCIÈRE, 8.

1858

A MON PÈRE, A MA MÈRE.

JUS ROMANUM.

I

De usuris, et fructibus, et causis, et omnibus accessionibus, et mora.

(*Dig.*, lib. XXII, tit. 1.)

II

Si ager vectigalis petatur, et de jure emphyteutico.

(*Dig.*, lib. VI, tit. 3. — *Code*, lib. IV, tit. 66. — Novella CXX, cap. 8.)

III

De superficiebus.

(*Dig.*, lib. XLIII, tit. 18.)

I

DE USURIS ET FRUCTIBUS.

Accessio est omnis appendix et sequela rei.

Accessionum species tres sunt : usuræ, fructus, et causa.

Usura est accessio debitæ quantitatis, pro usu sortis præstanda.

Fructus est quod ex re nascitur et renasci solet.

Causa est omnis utilitas quæ circa rem emergit.

Inter fructus proprie dictos, alii *naturales,* alii *industriales* sunt.

Naturales dicuntur, quos res ultro fert, ut fenum pratorum.

Industriales autem, ad quos producendos cultura opus est, ut segetes.

Improprie fructus dicuntur et vulgo *civiles* nuncupantur, qui, quasi fructus lege accepti, pro locatione alicujus rei, aut pro quantitate debita vel credita percipiuntur, ut prædiorum urbanorum pensiones, et pecuniæ fenus.

Plerumque tandem, ex mora accessiones fieri solent, de qua simul tractandum est.

In tribus igitur sectionibus de his separatim agemus : in prima de fructibus et causis, in secunda de usuris, et in tertia de mora.

SECTIO PRIMA.

DE FRUCTIBUS ET CAUSIS.

Circa fructus et causas rei quærendum est, ex quo tempore, et in quod tempus eorum ratio habeatur, et cum multum intersit utrum *in rem*, an *mixta*, an *in personam* sit actio, separatim de his judiciis agemus.

§ Ier. *In judiciis in rem*, valde interest an *bonæ* aut *malæ fidei* fuerit possessor.

Bonæ fidei possessor, quamdiu dominus non apparet, ipse pro domino rei habetur, et ideo in percipiendis fructibus idem juris habet, quod dominis prædiorum tributum est. Et non solum industriales, a quocumque sati aut percepti, et quoquomodo a solo separati fuerint, sed etiam naturales, fructus suos facit.

Malæ autem fidei possessor, id est qui fundum alienum esse non ignorat, nec ante nec post litem contestatam, a quocumque sati fuerint, fructus suos facit.

Hoc obtinet etiam, cum socius partem socii sui mala fide possidet; et non refert, utrum unus tantum ex sociis, an uterque fructus severit, nam jure soli, et non jure seminis percipiuntur.

Possessor bonæ fidei in quo mala fides supervenerit, statim fructus suos non facit, et tenetur de fructibus quos consumpsit, ex quo tempore in mala fide ceciderit. Supponendum est tamen dominum, ante usucapionem completam, rem suam reposcisse, nam in contrario casu, nec res ipsa, nec fructus, ab illo vindicari potuissent.

In argenti aut vestimenti, aliarumve similium rerum petitione,

Gallus Ælius putabat in fructus connumerandum esse, quod locata re mercedis nomine possessor capere potuisset.

Si nuda proprietas a possessore petatur, fructuario non utente, ex tempore quo is frui cessaverit, in petitione fructus æstimabuntur; et si de usufructu agatur, in fructus perceptos condemnari debet possessor.

§ II. *In judiciis mixtis, familiæ erciscundæ* et *communi dividundo,* fructus et causæ omnes, sive exstent, sive consumpti sint, inter heredes et socios, post impensarum deductionem, communicantur.

In judicio *finium regundorum,* idem de fructibus observandum est, ac in judiciis *in rem.*

§ III. *In judiciis personalibus.* Cum ad recipiendam rem quæ nostra fuit agemus, omnes fructus restituuntur tam percepti quam qui percipi potuerunt, præsertim si malæ fidei fuit reus, aut moratus est; hoc fit, cum sponsa, renuntiata affinitate, dotem suam, quasi sine causa datam, condicit; item, cum fundum solutum sed indebitum condicimus, aut mortis causa datum, postquam convaluerit, condicit donator.

Cum autem ad adipiscendam rem quæ nunquam nostra fuit, judicium *stricti juris* est aut *bonæ fidei.* Si sit stricti juris, causa nec fructus, nisi stipulati fuerint, debentur, ex die vero accepti judicii præstandi sunt. Si sit bonæ fidei, ex die moræ, interdum etiam ante moram, fructus et causa, et non solum fructus percepti, sed etiam hi qui honeste percipi potuissent, restituuntur.

In judiciis bonæ fidei, debitor qui ante judicis sententiam in mora est, fructuum præstandorum necessitate astringitur ex litis contestatæ die usque ad sententiam, nec legitimi temporis spatio fructibus liberatur, cum ea intercapedo judicato dilationem dare, sed non lucrum afferre debeat.

In his quoque judiciis quæ nec arbitraria nec bonæ fidei sunt, ex die litis contestatæ in sententiam causa præstanda est; sed post rem judicatam, tempus a fructibus dependendis immune est.

Deductis impensis fructus intelliguntur, nam quod in redigendos fructus impensum est, fructus ipsos diminuit.

SECTIO SECUNDA.

DE USURIS.

§ Ier. *De usuris in genere.*

Apud Romanos sic computabantur usuræ : sors quælibet fenore data in centum partes dividebatur, et centesimam hujus sortis singulis kalendis solvendam stipulari licitum erat; ita ut qui centesimam stipulatus fuerat, duodecim pro centum in anno reciperet. Hæc erat maxima usura, nec gravior, nisi certis in casibus ex antiquo jure, licita erat : ideo legitima appellabatur. Quod a Justiniano ad multo minorem modum redactum fuit.

Non solum numerata pecunia, sed et fruges, usurarum additamenta accipere possunt, dummodo principaliter debeantur, nam usuræ usurarum, id est *anatocismus,* non lege admittuntur. Cætera autem corpora hæc additamenta non accipiunt, nisi ei cui debentur relicta fuerint ut venderentur.

Usuræ vel *ex conventione,* vel *citra conventionem* debentur.

§ II. *De usuris ex conventione debitis.*

In contractibus bonæ fidei, ex pacto adjecto usuræ peti possunt. Attamen et nudo pacto promissæ naturaliter debentur, solutæque non ut indebitæ repetuntur; idem est in quibusdam mutui speciebus, ut puta, in frumenti vel hordei mutuo, et in pecunia a civitatibus credita. Justinianus etiam simile privilegium argentariis indulsit.

In contractibus autem stricti juris, si pactum adjectum sit, naturaliter tantum tenetur debitor.

Licet instrumento non sit conscripta, usurarum stipulatio vel conventio valet, si aliunde probari possit. Imo, ex diuturna præstatione, non solum usurarum stipulatio, sed et obligatio sortis præsumitur.

Conventionalis usura necesse est ut certa sit, et intra legitimum modum sistat, ultra quem stipulatio nullas vires habet. Quod illicite adjectum est pro non adjecto habetur, nec etiam naturaliter debetur; itaque, quod ultra legitimarum usurarum modum solvit, debitor vel in sortem imputare, vel repetere potest. Primum, si sors nondum soluta fuerit, magis est ut illicitas usuras solutas in sortem imputet; si contra, sors antea, aut simul, soluta fuerit, jam imputari non possunt usuræ, sed merito repetuntur. Imo, pœnam pro usuris supra licitum modum stipulari non permissum est.

As usurarium, ut vidimus supra, erat pars sortis centesima per singulos menses, et usuræ modus legitimus; sed honesti viri sub semissibus usuris tantum fenori præstabant.

Constitutione vero Justinianus, illustribus personis intra trientem tantum centesimæ, negotiatoribus intra bessem, cæterisque personis intra semissem, duntaxat usuras exigere permisit; denique, his qui pecuniam agricolis fenerabantur, amplius singulis annis quam siliquam in singulos aureos, quod est triens usuræ, vetuit percipere.

Aliud est de frugibus, circa quos usuræ legitimum modum excedentes permittuntur, ea demum lege ut fruges ipsæ mutuo datæ sint, non vero pecunia, quamvis sors in frugibus debeatur. Sed si convenerit pignoris fructus in vicem usurarum creditorem consecuturum, ita ut majus emolumentum obtineret, placuit, propter incertum fructus eventum, rescindi pactum non posse.

Currunt usuræ conventionales ex conventionis die, nisi ex certa die, vel ex conditione, aut aliter promissæ sint, in eum diem quo debitor creditori, aut creditor ipse sibi solvit.

Creditor sibi solvit, ut puta, cum pignora distraxit.

Debitor liberatur, non solum solutione reali, sed et civili, ut acceptilatione et novatione legitime facta, sed non ea novatione improprie dicta quæ fit per litis contestationem.

Liberatur quoque obsignando in publico sortem mutuo acceptam cum legitimis usuris, quam prius oblatam creditor præsens accipere noluit, dum legitime facta sit obsignatio, id est totius debiti, nisi debitori jus fuisset particulatim solvendi; si autem creditor absens est, adito judice, oblatio fieri debet.

Exceptio triginta et quadraginta annorum usurarum simul ac

2

sortis petitionem excludit, non solum futurarum, sed et præteritarum.

Sistunt usuræ *dupli computatione*, id est quum sortem duplicaverunt, etsi per intervallum et suis temporibus exsolutæ fuerint.

Denique, remissæ præsumuntur usuræ quæ ex diuturno tempore exactæ non fuerunt, et similiter, ex usuris minoribus a creditore diu acceptis, majores remissæ intelliguntur, si modo in minoribus usuris præstandis nullam moram fecerit debitor.

§ III. *De usuris citra conventionem debitis.*

In bonæ fidei contractibus, usuræ ex mora debentur; idem est in legatis, et fideicommissis, et in pecunia reipublicæ debita ob justam causam, sed non in liberalitatibus reipublicæ factis.

In judiciis autem stricti juris, ex mora non currunt usuræ.

Imo, sunt nonnullæ bonæ fidei actiones, in quibus ante moram usuræ debentur, vel ex natura contractus, ut in actionibus pro socio, mandati negotiorum gestorum, empti, et restitutionis tutelæ, vel ex privilegio personæ creditoris tributo, quale fiscus sibi indulsit; qui, licet ex suis contractibus nullas det usuras, ab aliis tamen, et sine mora accipere solet.

Usurarum, quæ ex mora in bonæ fidei judiciis, aut citra moram ex natura contractus debentur, modus definitus non est, itaque arbitrio judicis ex more regionis constituitur, dummodo legem non offendat.

Justinianus autem, omnes usuras quæ citra conventionem debentur, legitimo quem constituerat, subjecit.

Valde dubitatur utrum necessaria sit obsignatio ad sistendas usuras quæ citra conventionem debentur; nobis autem sisti non videntur ex creditoris mora, id est sola oblatione, has enim obsignatione tantum sisti Papinianus et Ulpianus manifeste docent.

Cessant autem usuræ post sententiam judicis, pro eo induciarum tempore quod condemnatis ex die sententiæ datur; quo elapso, rursus currere incipiunt, eæ tantum quæ ex causa judicati debentur, non recte tamen judex judicii bonæ fidei, cautiones pro futuri temporis usuris interponi jubebit, si condemnatus sententiæ tardius pareret.

Quod si provocatum sit, a die sententiæ judicis qui appellatus est tantum currit tempus induciarum, et postea usurarum ratio habetur; nisi frustratoria et morandi causa interposita fuerit appellatio. Tunc enim, etiam de medii temporis usuris ex priori sententia reus condemnari poterit, et si appellationis judex hoc omiserit, utilis actio dabitur.

SECTIO TERTIA.

DE MORA.

Mora est solutionis faciendæ vel accipiendæ injusta dilatio; ex quo videmus duplicem esse moram, id est debitoris et creditoris.

§ Ier. *De mora debitoris.*

Debitor in mora est qui opportuno loco interpellatus non solvit; quod, cum sit magis facti quam juris, a judice decidetur.

Non in mora est, qui optima ratione solutionem distulit, vel si in vinculis sit, aut reipublicæ causa subito abesse coactus sit; item est, si judicium accipere paratus sit, cum ab adversario cessatum est, dum sine dolo malo provocaverit. Contra enim in mora constituitur, qui calumniandi causa litiget.

Qui solus obligari non potest, nec solus moram potest contrahere.

Creditori mora fit, sive ipsi, sive mandatori aut procuratori, a debitore facta sit.

Ut autem debitor moram faciat, illum a creditore interpellatum fuisse necesse est. Attamen, in persona minorum viginti quinque annis, mora quædam improprie dicta ex re ipsa et solo tempore fit in his quæ moram desiderant, ut in bonæ fidei contractibus, et usuræ ipso jure currunt. Illud vero non pro mora sed pro ætatis privilegio habendum est, nam simul atque legitimam ætatem minores impleverint, jam usuræ non currunt, donec debitoris mora proprie dicta, id est interpellationis ope, rursus interveniat.

Denique Justinianus, in eo quod ecclesiæ et nosocomiis pie relic-
tum est, re ipsa moram fieri constituit.

Debitoris mora purgatur, quocumque modo ipse, aut alius pro eo,
creditori satisfecerit.

Mora debitoris tres habet effectus : primnm, usuras parit, quum ex
causis bonæ fidei pecunia debetur; deinde, rei periculum de creditore in debitorem transfert; denique, fit æstimatio quanti plurimi res
fuit, ex die moræ usque ad tempus rei judicatæ, si ex causa bonæ
fidei debeatur; et usque ad tempus accepti judicii, si sit stricti juris.

§ II. *De mora creditoris.*

In mora creditor constituitur, qui oblatum sibi debitum, sine justa
causa noluit accipere; quod debitoris moram purgat, et ad creditorem, rei oblatæ periculum transfert, etiamsi non determinate, sed
alternative debeatur. Atque si res pereat, debitor liberatur ipso jure,
in bonæ fidei judiciis, in stricti autem juris, exceptionis ope tantum.

Quod si creditor tantum ex justa causa debitum accipere distulerit,
res periculo debitoris manet.

II

Apud Romanos, *vectigales* vocabantur agri qui populo romano proprii, vel civitatibus, vel cuicumque universitati, in perpetuum, aut in tempus non finitum, ea lege locabantur, ut quamdiu pro illis certa vel fructuum vel pecuniarum pensio dicta *vectigal* solveretur, neque ipsi conductori, neque ejus successoribus, eos auferri liceret.

Qui in perpetuum fundum a municipibus conduxit, quamvis non dominus efficiatur, in rem tamen actionem utilem a prætore accipit adversus quemvis possessorem, imo et adversus municipes ipsos; sed si vectigal suo tempore non solvat, jus extinguitur, et ad civitatem dominium revertitur.

Hæc conventio non est emptio venditio, quum pensiones et non sors præstentur, et quum periculum rei, ad civitates quibus dominium rei servitur, pertineat.

Similiter, jus emphyteuticum ususfructus non est, quum in perpetuum conductoris successoribus transmittatur, et quum omni modo fructus, etiam non percepti, jam conductori pertineant.

Cæterum conductori competit actio conducti adversus locatorem, ut is traditionem faciat, sed non ut frui præstet.

Cum autem inter veteres valde disceptabatur utrum emphyteusis, emptionis et venditionis, an locationis et conductionis, formam indueret, lex Zenoniana talem contractum proprium nomen, propriamque naturam venditionis et locationis participem, habere statuit.

Sicut enim emptor, emphyteuta successoribus jus suum transmittit, dummodo personis quas in contrahendo admittere non prohibitum fuit; et sicut conductor, pensiones, canones annuarias pendit.

Sed a duobus his contractibus emphyteusis differt : etenim in emptione venditione, emptor, quamvis res pereat, pretium nihilominus solvere debet; in emphyteusi autem, non pensionem dare emphyteuta;

sic in locatione conductione, conductor tantum pretium partis quam adhuc possidet solvit, emphyteuta contra, totam pensionem. In hoc quoque emphyteuta a conductore differt, quod naturam fundi mutare conductori non licet.

Si per totum triennium neque pensiones solverit, neque apochas tributorum domino præstiterit, emphyteuta jure suo cadit et a prædiis dejiciendus est. Ne autem domini oblatas pecunias dolo recusent, licentia a Justiniano emphyteutæ concessa est, pecunia obsignata, minime dejectionis timere periculum.

Omnes pactiones inter emphyteutam et dominum in instrumento conscriptæ, observandæ sunt; sed si nihil pactum fuerit, emphyteutæ, sine consensu domini, meliorationes suas, vel jus suum aliis vendere non licet. Potest tamen domino attestationem transmittere, illumque requirere an tantum pretium præstare velit, quantum ab alio acciperet. Intra duos menses si dominus annuerit, præferendus est; hoc tempore elapso, si noluerit, emphyteutæ meliorationes et jus suum sine consensu domini vendere licet, et dominus novum conductorem in possessionem fundi suscipere cogitur. Moribus introductum erat dominos pro consensu a novo emphyteuta quamdam pecuniam accipere, quam Justinianus ad quinquagesimam partem pretii vel loci æstimationis reduxit.

Ex novella CXX, si quis alicujus sanctissimæ ecclesiæ, vel venerabilis domus aut locator aut emphyteuta per biennium promissam pensionem non solverit, dejici potest, nisi ameliorationum nomine actionem ipse movere possit; quod si rem deteriorem fecerit, statim expelli posse Justinianus voluit. Si vero emphyteuta non ab ordinatoribus expulsus est, pensionem solvere debet et res tenere usque ad definitum tempus.

III.

DE SUPERFICIEBUS.

Omne quod solo inædificatum est solo cedit.

Naturali ideo et civili jure, ædes in conducto solo positæ, quæ superficiariæ appellantur, sunt cujus et solum.

Conductor tamen in his quoddam jus habet jus superficiei dictum, ad quod retinendum a prætore, exemplo interdicti uti possidetis, duplex interdictum proponitur.

In hoc interdicto, prætor non exigit ab eo qui superficiem petit, quam ob causam possideat; unum tantum requirit, non forte vi, clam, aut precario, ab adversario possideat.

Evicto datur etiam superficiario utilis actio, dum in longum tempus superficiem conduxerit.

Superficiem non vendi tantum, sed etiam donari et legari licet; et si inter plures communis sit, socii utili actione communi dividundo utuntur. Imo, usumfructum, usum, et alias servitutes in superficie jus prætorium patitur, utilibusque tuetur actionibus.

Adversus dominum superficiarias ædes vindicantem, superficiario, qui per actionem jus suum persequi potest, multo magis exceptione uti permissum est.

Idem dicendum est de domino soli cui non actione utili opus est, nam habet in rem qualem habet de solo; jus suum exceptione in factum data tueri poterit.

POSITIONES.

I. An bonæ fidei possessor fructus suos facit pro cultura et cura? Minime.

II. An mala fides superveniens impedit quominus bonæ fidei possessor ab initio fructus suos faciat? Jam suos non facit.

III. Usuræ diuturno tempore non exactæ remissæ præsumuntur.

Item si diuturno tempore minores his de quibus convenerat creditor usuras percepit, hoc quod plus est remisisse intelligitur.

IV. An necesse est ut lis contestetur ut currant usuræ? Minime.

V. An usuræ quæ legitimum modum excedunt repetuntur, an in sortem imputantur? Sorti imputandæ sunt.

VI. Quæcumque publico jure onera rei imposita sunt, emphyteuta præstare debet.

DROIT FRANÇAIS.

NOTIONS HISTORIQUES SUR LE PRÊT A INTÉRÊT.

Avant d'aborder la matière qui doit faire l'objet principal de notre examen, il est bon de dire quelques mots du prêt à intérêt, et d'indiquer succinctement les diverses phases par lesquelles il est passé chez nous et chez les peuples anciens dont le contact a le plus influé sur notre droit.

Sans pousser trop avant nos recherches, et si nous n'examinons que la législation romaine, nous voyons que jusqu'à la loi des Douze Tables la fixation des intérêts avait été abandonnée à la volonté des créanciers, et que ces derniers profitèrent de la liberté qui leur était laissée pour faire peser sur leurs débiteurs des usures excessives et ruineuses. Un tel état de choses occasionna pendant longtemps à Rome de fréquentes dissensions entre les patriciens et les plébéiens; aussi la loi des Douze Tables, voulant y mettre un terme, fixa-t-elle à 12 p. 0/0 l'intérêt de l'argent.

A partir de cette époque, le taux de l'intérêt subit à plusieurs reprises des modifications diverses, jusqu'au jour où Justinien le réduisit définitivement à 4 p. 0/0 pour les personnes illustres, 8 p. 0/0 pour les commerçants, et 6 p. 0/0 pour les autres personnes.

Ces lois avaient été cependant impuissantes à réprimer l'usure, qui fut toujours une des plaies du monde romain; mais peu à peu les idées nouvelles du christianisme luttèrent contre les vieilles habitudes, et le prêt à intérêt lui-même finit par succomber.

Au moyen âge, les conciles prohibèrent le prêt à intérêt, et plusieurs ordonnances de nos rois vinrent sanctionner l'interdiction ecclé-

siastique. La rigueur des magistrats contre l'usure était telle à cette époque, que ceux qui la pratiquaient durent imaginer des moyens de tirer un intérêt de leur argent sans être en butte à des persécutions continuelles. Alors parurent une foule de contrats, tels que le contrat pignoratif, l'antichrèse, la vente à réméré modifiée par certaines clauses, et enfin la constitution de rente et la rente viagère.

Nous avons dit que plusieurs ordonnances royales avaient, à l'exemple du droit canon, prohibé toute stipulation d'intérêt en matière de prêt; ces ordonnances faisaient le droit commun des pays coutumiers, mais les provinces du droit écrit suivaient le droit romain, et sous Henri IV on les voit s'affermissant de plus en plus dans l'usage du prêt à intérêt. On voit même à cette époque cet usage se propager dans certaines provinces du parlement de Paris, et les lois et les tribunaux réduits au silence en tolérant ce qu'ils ne pouvaient empêcher.

Cependant le dix-huitième siècle approchait, le prêt à intérêt gagnait chaque jour de nouveaux partisans, et nous voyons en effet certains jurisconsultes se constituer ses défenseurs, malgré l'opposition de Pothier et de quelques parlements. Nous voyons aussi paraître Montesquieu, qui, comprenant mieux l'état de la société moderne, où la richesse mobilière était devenue l'égale de la richesse territoriale, se prononça, dans son *Esprit des lois,* pour le prêt à intérêt.

Tel était l'état des choses en 1789. L'Assemblée constituante, persuadée que le crédit ne pouvait exister avec l'interdiction du prêt à intérêt, s'empressa de l'autoriser, et consacra par des lois une révolution déjà faite dans les mœurs. Par un premier décret du 12 octobre 1789, elle déclara licite l'intérêt de l'argent au taux fixé par la loi, c'est-à-dire à 5 p. 0/0 en matière civile; mais elle s'en référa aux usages particuliers en matière de commerce, où le taux n'avait eu jusqu'alors rien de fixe ni d'uniforme.

Plusieurs lois se succédèrent en cette matière. Celle du 11 avril 1793, assimilant l'argent aux autres marchandises, laissa aux particuliers une liberté complète pour la fixation du taux de l'intérêt, tant en matière civile qu'en matière commerciale. Cette loi produisit des effets désastreux, et donna naissance aux plus graves abus ; aussi les rédacteurs du Code songèrent-ils à mettre un frein à la rapacité des usuriers.

Les circonstances difficiles dans lesquelles on se trouvait alors ne leur permirent pas cependant de prendre les mesures nécessaires, et la loi de 1793 fut maintenue. L'intérêt légal demeura donc fixé à 5 p. 0/0, mais les parties eurent le champ libre pour le dépasser, car tout en reconnaissant la nécessité de réprimer l'usure, le législateur, afin de faciliter le rétablissement du crédit, ne crut pas devoir insérer dans le Code de règle générale sur la fixation de l'intérêt conventionnel. Il exigea seulement l'énonciation distincte de la somme prêtée et de l'intérêt stipulé, espérant que la crainte de l'opinion serait suffisante pour retenir l'usurier dans de justes limites.

En autorisant les parties à stipuler l'intérêt au taux qu'elles jugeraient convenable, l'article 1907 ajoute : « toutes les fois que la loi ne « le prohibe pas. » Cet article faisait pressentir qu'une loi viendrait limiter le taux de l'intérêt conventionnel, et cette loi fut en effet rendue le 3 septembre 1807, c'est-à-dire trois ans après la publication du Code. Elle porte qu'à l'avenir l'intérêt conventionnel ne pourra pas dépasser 5 p. 0/0 en matière civile, et 6 p. 0/0 en matière commerciale, à moins que le prêteur ne se soumette à des risques extraordinaires, comme, par exemple, dans le prêt à la grosse (articles 1 et 2).

Toute perception d'intérêts plus élevés doit être restituée ou imputée sur le capital, sans préjudice de l'amende en cas d'habitude d'usure, et d'emprisonnement en cas d'escroquerie (art. 3). Enfin, l'amende ne peut dépasser la moitié du capital prêté, et le maximum de l'emprisonnement est fixé à deux ans (art. 4). Ces deux derniers articles ont été modifiés dans un sens plus sévère par la loi du 19 décembre 1850, relative au délit d'usure.

Aux termes de cette loi, l'imputation de l'excédant se fera d'abord sur les intérêts légaux et subsidiairement sur le capital. Si la créance est éteinte, les sommes indûment perçues seront restituées avec intérêts à partir du jour où elles auront été payées (art. 1er). Le délit d'habitude d'usure, qui, sous l'empire de la loi de 1807, ne donnait lieu qu'à une amende pouvant s'élever jusqu'à la moitié des capitaux prêtés à usure, est en outre puni, par la nouvelle loi, d'un emprisonnement de six jours à six mois (art. 2). Le cas de récidive y est également prévu. Il résulte d'un nouveau délit, même unique, commis dans les cinq ans, à compter du premier jugement ou du premier arrêt de condamnation, et est puni du maximum ou même du double des condamnations précédentes, sans préjudice des cas généraux de récidive prévus par les art. 57 et 58 du Code pénal (art. 3). S'il y avait eu escroquerie, la loi de 1807 condamnait le prêteur à un emprisonnement qui ne pouvait excéder deux ans; aujourd'hui, il sera condamné d'abord à l'amende édictée par l'art. 2, et à un emprisonnement d'un an au moins et de cinq ans au plus (art. 4); la peine pourra même être aggravée par l'affiche du jugement et l'insertion dans les journaux.

Ni les dispositions législatives de 1789 et de 1807, ni les dispositions pénales de 1850, ne s'appliquent aux intérêts des choses fongibles, denrées, ou autres choses mobilières, intérêts qui, vu la variabilité du prix et la chance aléatoire que court le prêteur, peuvent dépasser de beaucoup le taux légal. Elles ne sont pas non plus applicables aux conventions légalement passées en pays étranger, ni même aux conventions passées en pays français, mais soumis à un régime exceptionnel, tels que l'Algérie et les colonies, où la stipulation d'intérêts supérieurs à 5 ou 6 p. 0/0 par an n'a rien d'illégal ni d'usuraire.

DES RENTES EN GÉNÉRAL.

Une rente, en général, est le droit d'exiger à perpétuité ou pour un certain temps des prestations périodiques en argent ou en nature appelées arrérages, qui sont comme les intérêts d'un capital que le créancier ne peut exiger.

D'après cette définition, nous diviserons les rentes en rentes perpétuelles, dont la durée est illimitée, et en rentes temporaires ou viagères, qui cessent d'être dues à une certaine époque.

Le contrat de rente, comme nous l'avons dit plus haut, a été imaginé dans l'ancien droit, vers la fin du treizième siècle, pour suppléer au prêt à intérêt, que prohibaient, en France, les lois civiles et les lois de l'Église.

Ce contrat empruntait à la vente ses principaux caractères : celui qui avait besoin d'argent, et qui, pour s'en procurer, aurait été obligé de vendre ses biens, vendait, moyennant un capital qu'il recevait en toute propriété, l'obligation de payer des arrérages à la personne qui le lui avait abandonné. C'était donc en quelque sorte un prêt perpétuel, dont le créancier ne pouvait que fort exceptionnellement exiger le capital, tandis que le débiteur avait la faculté de le rembourser et de se libérer par là du payement des arrérages.

Plus tard, cette institution se développa, et on admit le bail à rente foncière, dans lequel le créancier aliénait un immeuble moyennant une prestation annuelle en fruits ou en argent, que le débiteur s'engageait à lui fournir à titre d'arrérages.

Nous traiterons, dans deux chapitres séparés, des rentes perpétuelles et des rentes viagères, et nous diviserons en deux sections le chapitre premier : dans la première, nous examinerons les rentes constituées moyennant l'aliénation d'un capital immobilier, et dans la seconde, les rentes constituées à prix d'argent; car, aujourd'hui encore, malgré les modifications apportées par le Code Napoléon aux dispositions de l'ancien droit, il est important de distinguer ces deux espèces de rente.

CHAPITRE PREMIER.

DES RENTES PERPÉTUELLES.

Comme son nom l'indique suffisamment, la rente perpétuelle est, pour le créancier, un droit indéfiniment transmissible d'exiger des prestations périodiques du débiteur, dont l'obligation est également transmissible à ses héritiers à l'infini.

Le principal caractère de la rente perpétuelle, c'est d'être essentiellement rachetable, nonobstant toutes stipulations contraires. On peut s'étonner que le débiteur puisse ainsi se soustraire, moyennant le remboursement du capital, aux obligations d'un contrat librement consenti ; il y a là vraiment une dérogation au principe « que les con- » ventions légalement formées tiennent lieu de loi à ceux qui les ont » faites. » Le législateur a été amené à cette dérogation, en considérant les dangers particuliers que court le débiteur; il est possible, en effet, que la rente ait été constituée d'après un taux élevé qui, à un moment donné, se trouverait supérieur aux intérêts légaux que le débiteur pourrait tirer du capital reçu par lui du créancier.

D'ailleurs, le remboursement du capital ne fera que remettre le créancier dans une position semblable à celle qu'il avait avant le contrat, tandis que si la faculté de rembourser n'avait pas été accordée au débiteur, sa ruine aurait été inévitable, après un temps plus ou moins long.

De ce que le débiteur peut résilier le contrat à son gré, quand le service des arrérages lui paraît trop onéreux, il ne faut pas conclure que le créancier, de son côté, puisse détruire la convention, en exigeant le remboursement du capital. Pour lui, en effet, le maintien de la rente ne saurait jamais être un préjudice, mais tout au plus la perte d'un gain; il reste donc dans le droit commun de l'immutabilité des conventions; seulement, par application du même droit commun, la rente deviendrait exigible, si le débiteur ne satisfaisait pas à ses engagements.

Du reste, la loi, tout en accordant au débiteur le droit de remboursement, a permis aussi au créancier de régler les clauses et conditions du rachat, et de stipuler qu'il ne pourrait avoir lieu avant un certain temps, qui varie suivant le mode de constitution de rente.

Nous reviendrons plus tard sur le rachat des rentes perpétuelles, en examinant les dispositions du Code Napoléon; en attendant, pour nous conformer à la division que nous avons adoptée, nous allons, dans les deux sections suivantes, traiter séparément : 1° des rentes constituées moyennant l'aliénation d'un capital immobilier; 2° et des rentes constituées à prix d'argent, en ayant soin d'indiquer en passant ce qu'elles étaient dans l'ancien droit et les modifications qu'elles ont subies.

SECTION PREMIÈRE.

DES RENTES CONSTITUÉES MOYENNANT L'ALIÉNATION D'UN CAPITAL IMMOBILIER.

Cette rente, appelée dans l'ancien droit rente foncière, était le droit d'exiger des prestations périodiques à l'occasion de la cession d'un immeuble, sur lequel le cédant se réservait un droit réel pour assurer le payement de la redevance. Le bail à rente était le contrat en vertu duquel on exigeait les prestations, et la rente foncière était le droit de les exiger.

La rente foncière était donc due par le fonds lui-même; aussi tout détenteur de l'immeuble grevé de rente foncière, et celui-là même avec lequel l'aliénateur avait directement contracté (sauf insertion dans le contrat de la clause de fournir et faire valoir la rente), pouvait par le déguerpissement, c'est-à-dire par l'abandon en justice de l'immeuble, s'affranchir de l'obligation de payer les arrérages, comme le détenteur d'un immeuble grevé d'hypothèque peut encore aujourd'hui, par le délaissement, éviter de payer. Le droit aux arrérages périssait avec l'immeuble.

Il est bon de noter aussi en passant que comme droit réel immobilier la rente foncière était susceptible d'hypothèque, et que si l'immeuble était possédé par plusieurs, le payement des arrérages devait néanmoins être fait d'une manière indivisible.

A la différence de la rente constituée moyennant l'aliénation d'un capital mobilier, la rente foncière n'était pas rachetable à prix d'argent, par la raison sans doute qu'on ne rachète que ce qui a été vendu; mais Charles VII en 1441, et Henri II en 1553, autorisèrent le rachat de celles dont les maisons de ville étaient chargées. Il arrivait souvent en effet que les arrérages à payer étaient de beaucoup supérieurs aux revenus de la maison, en sorte que les détenteurs avaient un intérêt à la laisser périr, car la rente s'éteignait par la perte de la chose.

L'Assemblée constituante, en même temps qu'elle affranchissait les capitaux, jugea utile d'ouvrir la voie à la circulation des biens, et l'assujettissement perpétuel du débiteur de la rente à son créancier lui parut aussi incompatible avec les principes proclamés par la révolution naissante, que contraire au crédit public.

Une loi des 18-29 décembre 1790, organique en cette matière, déclara rachetables ou remboursables les rentes foncières perpétuelles de quelque espèce qu'elles fussent, quelle que fût leur origine et à quelques personnes qu'elles fussent dues. Elle défendit en outre de créer à l'avenir aucune redevance foncière non remboursable, sans préjudice toutefois des baux à rentes ou emphytéoses dont la durée n'excéderait pas quatre-vingt-dix-neuf ans, et des baux à vie faits sur trois têtes au plus; elle déclara également rachetables les redevances provenant du contrat connu en certains pays sous le nom de *locatairie perpétuelle*. Elle autorisa le rachat de gré à gré, et dans le cas où les parties ne seraient pas d'accord sur le taux du rachat, elle le fixa au denier vingt (5 p. 0/0) pour les rentes foncières constituées en argent, et au denier vingt-cinq (4 p. 0/0) pour les rentes foncières constituées en nature. Elle donna enfin des bases diverses et précises pour arriver à trouver le montant du capital, lorsque la rente devait être payée non en argent, mais en nature, c'est-à-dire en grains, denrées, journées d'hommes ou d'animaux.

Quant aux droits, actions ou priviléges accordés par l'ancien droit aux ci-devant bailleurs à rente contre les possesseurs du fonds, la loi de 1790 ne les modifiait en aucune façon. Ainsi la rente foncière conservait son caractère immobilier, elle était toûjours susceptible d'hypothèque, et les codétenteurs de l'immeuble arrenté continuaient à être tenus chacun pour le tout du service de la rente.

· Une loi de 1792, en abolissant la solidarité des codétenteurs pour le payement de la rente et même pour les arrérages qui en étaient déjà échus, en fit une dette purement personnelle, sans qu'elle cessât pour cela d'être toujours immobilière. La loi du 11 brumaire an VII, en la déclarant non susceptible d'hypothèque, en fit implicitement un droit mobilier. Enfin l'art. 529 du Code Napoléon acheva la transformation complète de ce droit, en déclarant mobilière toute rente, même constituée, moyennant l'aliénation d'un immeuble.

Il n'existe donc plus sous le Code de rente foncière proprement dite ; car aujourd'hui toute rente, quel que soit son mode de constitution, n'est plus qu'un simple droit à des arrérages, droit mobilier qui suit la personne et non le fonds. Rente foncière signifie désormais rente constituée au moyen d'un fonds, établie comme compensation, comme prix de l'aliénation d'un immeuble.

Le Code a supprimé les mots de rente foncière et rente constituée ; mais comme il n'existe pas de dénomination plus exacte, nous continuerons à nous servir de ces expressions pour désigner les rentes constituées moyennant l'aliénation d'un immeuble, et les rentes constituées moyennant l'aliénation d'un capital mobilier.

· La distinction entre les rentes constituées moyennant l'aliénation d'un immeuble et celles constituées moyennant un capital mobilier n'offre pas la même importance qu'autrefois ; mais il existe encore entre elles quelques différences qu'il n'est pas inutile d'indiquer.

· Dans le premier cas, le crédit-rentier étant assimilé au vendeur d'un immeuble, a le droit de demander la résolution du contrat s'il a été lésé de plus des sept douzièmes, tandis que dans le second, c'est le débiteur qui peut demander la réduction de sa dette si la rente excède le taux légal.

Le créancier d'une rente foncière a privilége sur le fonds pour le payement des arrérages, tandis que le créancier d'une rente constituée n'a droit à une hypothèque que s'il a fait à ce sujet une convention avec le débiteur.

Il est permis au créancier d'une rente constituée moyennant l'aliénation d'un immeuble, ce qui ne l'est pas au créancier d'une rente constituée proprement dite, de régler les clauses et conditions du rachat (art. 530). Ainsi, par exemple, une rente foncière de 500 francs pourrait être stipulée remboursable au prix de 12 ou 14,000 francs, tandis que pour une rente constituée de pareille somme, on ne pourrait pas fixer le taux du rachat à un prix supérieur à 10,000 francs.

Enfin le maximum du délai pendant lequel le créancier peut s'opposer au rachat est fixé pour les rentes foncières à trente ans, et à dix seulement pour les rentes constituées.

Remarquons que le rachat de toutes les rentes s'effectue toujours en argent et moyennant une somme calculée d'après le montant des arrérages et le taux légal, ce dont nous reparlerons dans la section suivante. La restitution de l'immeuble ne pourrait jamais être faite par le débiteur à titre de rachat; mais par application du droit commun, d'après lequel tout contrat synallagmatique contient une condition résolutoire tacite (art. 1184), le créancier non payé des arrérages pourrait agir en résolution de son aliénation, et par ce moyen recouvrer son immeuble.

Quelquefois il paraît difficile de distinguer la rente foncière de la rente constituée. Pour y arriver, il faut voir si les arrérages ont été considérés par les parties comme le produit direct d'une aliénation immobilière, ou comme le produit direct d'une aliénation mobilière. Ainsi un immeuble est-il vendu moyennant 50 d'arrérages, la rente est foncière; si, au contraire, il a été vendu 1,000, et que plus tard et par un acte séparé le créancier autorise le débiteur à garder cette somme sous la condition de payer 50 d'arrérages, la rente est constituée.

Dans le premier cas, en effet, les 50 seront payés à raison de l'immeuble lui-même, tandis que dans le second ils le seront à raison du capital de 1,000 provenant de l'immeuble. Cependant lorsque c'est dans le même contrat que les parties ont fixé le prix de l'immeuble et l'ont converti en rente, l'art. 530 du Code décide qu'il y a rente foncière, car il assimile le cas où la rente est établie pour le prix de la vente d'un immeuble à celui où elle est établie comme prix direct de cet immeuble.

Les arrérages des rentes perpétuelles se prescrivent par cinq ans et le droit lui-même par trente.

SECTION DEUXIÈME.

DES RENTES CONSTITUÉES MOYENNANT L'ALIÉNATION D'UN CAPITAL MOBILIER.

La rente constituée, dont l'usage se répandit en France par suite de la prohibition du prêt à intérêt, résultait de l'abandon d'un capital mobilier moyennant une redevance périodique et perpétuelle; elle était essentiellement rachetable, et on ne pouvait même pas convenir que le rachat n'aurait pas lieu pendant un certain temps. C'était en quelque sorte une vente à réméré, dans laquelle le vendeur-emprunteur se réservait la faculté de se libérer du payement des arrérages par le remboursement du capital.

Le taux de constitution et de rachat des rentes a beaucoup varié :

Sous Charles IX il était au denier douze (8 1/3 p. 0/0).

Sous Henri IV au denier seize. (6 1/4 p. 0/0).

Sous Louis XIII au denier dix-huit (5 5/9 p. 0/0).

Sous Louis XIV au denier vingt (5 p. 0/0).

Au dix-huitième siècle, dans le but de détourner les capitaux des constitutions de rentes, on imagina une réduction générale de celles-ci. Un édit de mars 1720 abaissa le taux des rentes du denier vingt au denier cinquante, mais cette mesure rencontra de toutes parts une vive opposition. Cependant le denier cinquante eut cours jusqu'en 1724, époque où un édit de juin permit de constituer des rentes au denier trente ; mais cette concession ne fut pas jugée suffisante, et il fallut, en 1725, rétablir le denier vingt, qui est encore le taux actuel.

Aujourd'hui que le prêt à intérêt est permis, les rentes constituées à prix d'argent ont perdu beaucoup de leur utilité et sont devenues d'un usage bien moins fréquent que dans l'ancien droit, car les personnes qui peuvent disposer de capitaux préfèrent le prêt à intérêt, qui leur laisse la faculté de les retirer à une époque déterminée.

Toutefois, le contrat de constitution de rente a été maintenu par le Code, mais il n'est plus dans notre législation qu'une subdivision du contrat de prêt à intérêt. C'est ce qui résulte de l'art. 1909, qui est ainsi conçu : « On peut stipuler un prêt moyennant un capital que le prêteur s'interdit d'exiger. Dans ce cas, le prêt prend le nom de constitution de rente. »

Il y aura donc rente constituée quand, dans un contrat de prêt à intérêt, il aura été convenu entre les parties que le prêteur ne pourrait exiger la restitution de son capital tant que le débiteur, seul maître de la faire ou de ne pas la faire, remplirait ses obligations.

Ainsi, comme dans l'ancien droit, le débiteur de la rente reçoit un capital dont il devient propriétaire, et il peut en exerçant le rachat éteindre son obligation de payer les arrérages (art. 1911) ; mais si cette faculté lui a été laissée par la loi, dans le but, fort louable du reste, de le protéger, il ne faut pas non plus que le crédi-rentier soit exposé à se voir rembourser en temps peut-être inopportun un capital qu'il avait placé et sur les arrérages duquel il pouvait compter. C'est pourquoi le contrat peut porter la clause que le remboursement ne pourra se faire qu'autant que le créancier aura été averti d'avance, et l'art. 1911 permet même aux parties de convenir que le débiteur ne pourra rembourser avant dix ans. Sous ce rapport, le Code a modifié l'ancien droit, qui, comme nous l'avons déjà dit plus haut, prohibait toute clause ayant pour objet d'empêcher, même pendant un certain temps, la faculté de rachat. Il n'est pas permis cependant au créancier d'enchaîner la liberté du débiteur au delà de dix années ; mais il peut, avec le consentement de ce dernier, régler les clauses et conditions du rachat, pourvu qu'elles ne soient pas trop onéreuses, et qu'elles ne le rendent pas indéfiniment impossible.

En principe, le crédi-rentier n'a pas le droit d'exiger le remboursement du capital, mais par exception ce droit lui est acquis dans les trois cas suivants :

1° Il peut arriver que le débiteur ne serve pas les arrérages pendant un temps assez long pour inquiéter son créancier (ce temps a été fixé à deux ans par l'art. 1912, 1°).

2° Ou bien encore il est possible que le contrat n'ait été conclu qu'en considération de certaines sûretés promises par l'emprunteur, et il peut se faire que ce dernier ne fournisse pas ces sûretés, ou, ce qui est équivalent, les détruise ou les diminue.

3° Enfin le débiteur de la rente peut tomber en faillite ou en déconfiture.

Dans ces trois cas, le débiteur ne procure pas ou ne peut plus procurer ce qu'il avait promis en échange du capital reçu ; en conséquence, il peut être contraint au rachat, le capital devient exigible.

En ce qui concerne le mode d'évaluation du capital, soit dans le cas de remboursement ou de rachat de la part du débiteur, soit dans le cas d'exigibilité (exceptionnelle) de la part du créancier, elle se fera d'après la valeur en capital que représentaient les arrérages au moment de la constitution, suivant le taux légal ou conventionnel des intérêts.

Ainsi, quand il s'agira d'une rente constituée moyennant une somme d'argent, c'est cette somme même qui sera restituée, et non la somme représentant les arrérages au taux légal au jour du remboursement; et cela est fort équitable, car, outre que les parties semblent tacitement convenues que cette somme même sera le prix du rachat, si le débiteur restituait une somme plus forte que d'après le taux actuel, il y aurait usure pour le créancier; et s'il restituait une somme moins forte, il ne rendrait pas au créancier la position que celui-ci avait lors du contrat. Si la rente a été constituée moyennant des denrées ou autres valeurs mobilières, le remboursement se fera d'après le prix des mercuriales du jour du contrat, si les denrées y sont cotées; dans le cas contraire, d'après le taux légal du même jour.

Les arrérages sont soumis aux lois sur l'intérêt de l'argent : ainsi leur taux ne peut excéder 5 0/0 en matière civile, 6 0/0 en matière commerciale. Ils se prescrivent par cinq ans comme les intérêts, mais à la différence de ceux-ci, ils peuvent être capitalisés et devenir productifs d'intérêts dès qu'ils sont échus, et quoiqu'ils ne soient dus que pour moins d'une année (1155).

Les arrérages sont ou quérables ou portables. Dans l'ancien droit, quand le créancier et le débiteur demeuraient dans le même lieu, le débiteur devait aller payer; dans le cas contraire, c'était au créancier à aller réclamer le payement. Aujourd'hui cette distinction n'est plus admise, et à défaut de convention, les arrérages sont toujours quérables.

Nota. Bien que la loi ne dise pas que la rente perpétuelle puisse être constituée à titre gratuit, il est évident qu'une rente de cette nature peut résulter de donations entre-vifs ou testamentaires; mais alors elle n'aura plus rien de commun avec le prêt, et elle sera soumise aux formes des donations ou testaments. De plus, elle sera réductible, révocable ou rapportable dans les cas prévus par la loi pour toutes les dispositions à titre gratuit. Quant au rachat, la faculté en sera toujours laissée au débiteur, qui se libérera en donnant en argent le capital que représentent les arrérages.

CHAPITRE DEUXIÈME.

DE LA RENTE VIAGÈRE.

La rente viagère est celle dont la durée est limitée au temps de la vie d'une ou de plusieurs personnes. Le caractère aléatoire qu'elle tire de cette incertitude même, et qui laisse aux parties toute latitude pour la fixation des arrérages, est ce qui la distingue surtout des rentes perpétuelles. La rente viagère, instituée chez nous dans un esprit de prévoyance ou de spéculation, n'avait chez les Romains que le caractère de bienfaisance; c'était plutôt une combinaison pour assurer l'existence d'une personne qu'une opération lucrative : tels étaient, par exemple, les promesses *quoad vivam*, les legs d'amitié, d'usufruit, de revenu, etc.

Le contrat de rente viagère, très-ancien dans le droit français, était d'un très-grand usage au moyen âge, malgré les attaques de plusieurs théologiens célèbres. Lors de la discussion du Code, il fut vivement attaqué; mais le législateur l'a maintenu, malgré les critiques dirigées contre ce contrat au point de vue moral; il procure en effet des secours à l'infirme et au vieillard, et il leur assure des moyens d'existence tirés de la fragilité même de leur vie. On peut dire, il est vrai, qu'il arrive souvent que le débiteur forme des vœux pour la mort de son créancier, mais ce n'est pas là un motif suffisant pour faire rejaillir une prévention défavorable sur un contrat qui prend sa base dans une égalité de chance aléatoire.

La rente viagère peut être constituée sur la tête d'une ou de plusieurs personnes, c'est-à-dire que la vie de plusieurs personnes aussi bien que la vie d'une seule peut servir de terme à la rente. Elle peut l'être, soit sur la tête de celui qui doit toucher les arrérages, et c'est là le cas le plus ordinaire, soit sur la tête du débiteur ou sur la tête d'un tiers, du reste complétement étranger au contrat.

La rente viagère s'établit soit moyennant l'aliénation d'une valeur mobilière, soit moyennant l'aliénation d'un immeuble, soit enfin gratuitement; mais cette distinction, en ce qui concerne les deux modes de constitution à titre onéreux, n'a pas la même utilité que pour la rente perpétuelle, parce que, comme nous allons le voir, la rente viagère n'est pas rachetable. Il est important, au contraire, de distinguer si la constitution de rente a un caractère gratuit ou onéreux; dans le premier cas, en effet, les parties doivent se conformer aux formalités exigées pour les donations, tandis que dans le second leur consentement seul est suffisant, d'une part, pour transférer la propriété de la chose qui sert de prix à la rente, et, d'autre part, pour engendrer l'obligation de servir les arrérages.

La rente viagère peut, avons-nous dit, être constituée à titre gratuit lorsqu'elle n'a pour cause l'abandon d'aucune somme ou valeur donnée en échange. Elle peut l'être aussi à titre de libéralité lorsque la constitution en est faite au profit d'une personne, moyennant un prix fourni par une autre. Dans le premier cas, elle est assujettie aux formalités requises par la loi pour la validité des donations entre-vifs ou testamentaires (art. 1969); tandis qu'elle en est dispensée dans le second (art. 1973), bien qu'au fond elle soit gratuite.

Au premier abord, les dispositions de ces deux articles semblent se contredire, mais il n'en est rien cependant. Il s'agit dans l'art. 1969 d'une rente constituée au profit de quelqu'un au moyen d'une donation ou d'un legs, aussi faut-il recourir aux formalités des donations ou des testaments, puisqu'il n'y a pas d'autre contrat qu'une libéralité. Dans l'art. 1973, au contraire, la libéralité n'est qu'accessoire à un autre contrat, à l'achat que l'on fait de la rente au profit d'un tiers, et il se passe une véritable vente entre le bailleur de fonds et celui qui s'oblige à la rente. Une rente constituée d'après l'art. 1973 a donc un caractère de libéralité, puisque le tiers qui recueillera les arrérages n'aura rien fourni en échange; mais elle n'est pas soumise aux formes requises par les donations, car entre le vendeur de la rente et celui qui en a payé le prix, il y a eu contrat à titre onéreux. La libéralité est donc dans ce cas une charge de la constitution de rente, et par conséquent elle doit être subordonnée à la forme du contrat principal dont elle n'est qu'un accessoire.

Dans les deux cas d'ailleurs, la rente viagère serait nulle pour défaut de capacité, révocable pour cause d'ingratitude, de survenance d'enfants, ou d'inexécution des conditions; elle serait également soumise au rapport si elle était créée au profit d'un successible, et à l'application de l'art. 917 si elle était excessive. L'art. 917, pour éviter la nécessité d'une estimation de rente viagère, toujours incertaine et problématique, établit que, si la valeur d'une telle rente donnée ou léguée excède la quotité disponible, les héritiers reservataires ont l'option ou d'exécuter la disposition, ou de faire au donataire ou légataire l'abandon de la quotité disponible. C'est à eux, avant de prendre parti, de bien peser et bien examiner les choses. Mais si le légataire de la rente viagère se trouve venir en concours avec d'autres donataires ou légataires, la réduction deviendra nécessaire entre eux, et l'évaluation de la rente se fera alors d'après les circonstances, l'âge et la santé de la personne sur la tête de laquelle elle est constituée.

Il est une clause particulière à la rente viagère constituée à titre gratuit, qui peut être insérée dans ce contrat : c'est la clause d'insaisissabilité (C. Pr. art. 581). Celui qui fait une libéralité peut en effet la faire sous les conditions qui lui conviennent ; mais on ne peut donner ce caractère à la rente constituée à titre onéreux, car autrement le débiteur pourrait trop aisément détruire le gage de ses créanciers antérieurs. Néanmoins, quoique la rente ait été déclarée insaisissable, les créanciers qui ont traité avec le donataire postérieurement à la constitution peuvent saisir les arrérages en vertu d'une permission du juge et pour la portion par lui déterminée (C. Pr. art. 582).

Toute rente viagère constituée à titre d'aliments est par cela même insaisissable (C. Pr. art. 581, 4°).

Nous avons dit que le caractère le plus saillant du contrat de rente viagère, c'est qu'il était aléatoire ; cela résulte de la chance de gain ou de perte que trouve chaque partie, suivant la durée de la vie de la personne sur la tête de laquelle est constituée la rente. Si la mort arrive promptement, le débiteur gagne le capital ; si elle tarde, le créancier gagne les annuités.

De ce que la rente ainsi constituée est le prix d'un risque inappréciable à l'avance, il est impossible de savoir, comme dans la rente constituée moyennant l'aliénation d'une somme d'argent, s'il y aura usure de part ou d'autre. De même, si la rente est constituée moyennant l'aliénation d'un immeuble, le crédi-rentier ne pourra pas invoquer la rescision pour cause de lésion incompatible avec la nature des contrats aléatoires ; à moins que le capital, calculé d'après les arrérages au taux légal, ne présente une lésion de plus des sept douzièmes, car dans ce cas l'aléa n'existerait pas sérieusement.

Une dernière conséquence du caractère aléatoire de la rente viagère, c'est que le principe d'aliénation perpétuelle du capital s'y applique plus rigoureusement encore et plus absolument que dans la rente perpétuelle, car la loi préfère ici respecter le principe de la stabilité des conventions.

Ainsi, d'un côté, le débiteur des arrérages ne peut se libérer de
l'obligation de les payer en offrant au créancier le remboursement du
capital, lors même qu'il renoncerait à la répétition des arrérages déjà
payés; le service de la rente, quelque onéreux qu'il ait pu devenir,
doit être continué, car la durée de la prestation périodique ayant ici
une limite naturelle, qui est la vie de la personne sur la tête de laquelle
elle a été créée, le débiteur n'a pas les mêmes raisons de craindre la
ruine qui pourrait le menacer dans la rente perpétuelle. Du reste, le
système contraire changerait entièrement la nature du contrat.

D'un autre côté, le créancier ne peut pas exiger le remboursement
du capital. En effet, dès que la rente a existé, les choses ne sont plus
entières et le débiteur, après avoir été exposé aux chances défavo-
rables, ne peut pas être privé des chances favorables; une autre raison,
c'est que le créancier, ayant déjà perçu des arrérages au-dessus du taux
légal de l'intérêt, ne pourrait exiger le remboursement du capital sans
restituer une partie des arrérages par lui reçus, ce qui ferait naître
bien des difficultés. Le créancier ne pourrait même pas faire résoudre
le contrat pour cause du défaut de payement des arrérages, ce qui est
une dérogation au principe de l'art. 1184; mais dans ce cas la loi vient
à son secours en lui permettant de saisir et faire vendre les biens de son
débiteur, jusqu'à concurrence d'une somme suffisante pour produire
chaque année des intérêts égaux au montant des arrérages à lui dus.
Mais, bien entendu, à la mort du crédi-rentier ou à l'extinction de la
rente pour tout autre motif, le capital serait saisi et restitué au débiteur ou à ses ayants cause. Nous pensons, quoique la loi ne se soit pas
expliquée sur ce point, que le défaut d'une seule prestation d'arrérages suffit pour permettre au créancier de recourir au moyen de coer-
cition que nous venons d'indiquer, et qu'il n'est pas utile, comme pour
la rente perpétuelle, que le débiteur ait manqué pendant deux ans de
remplir ses obligations; en sens inverse, il faudrait se borner au même
moyen en cas de faillite ou de déconfiture.

Il n'y a qu'un seul cas où le créancier puisse demander la résiliation
du contrat, et par conséquent exiger le remboursement, c'est celui
où le débiteur ne fournit pas les sûretés promises.

On admet toutefois que les parties pourraient déroger aux dispositions qui précèdent : le débiteur, en stipulant la faculté de rachat, et le créancier, en stipulant l'exigibilité en cas de faillite ou de déconfiture, et au cas où les arrérages ne seraient pas payés pendant deux ans.

L'aléa étant l'élément essentiel pour la constitution d'une rente viagère, il s'ensuit que le contrat serait non avenu si la personne sur la tête de laquelle la rente a été créée n'existait pas au moment du contrat, ou se trouvait à cette époque atteinte d'une maladie à laquelle elle aurait succombé dans les vingt jours, bien que dans ce dernier cas la dette d'arrérages ait pu prendre naissance (art. 1975). Mais cet article ne serait pas applicable dans le cas où la personne morte dans les vingt jours aurait succombé à une maladie autre que celle dont elle était atteinte au moment du contrat.

La rente viagère dépendant de l'existence de la personne sur la tête de laquelle elle est constituée, le créancier pour toucher les arrérages devra prouver l'existence de cette personne; cette justification se fait au moyen d'un certificat de vie, délivré le plus souvent par un notaire.

Les arrérages de la rente viagère ne sont acquis au crédi-rentier que dans la proportion du nombre de jours qu'a vécu celui dont la mort devait amener l'extinction de la rente; mais s'il a été convenu entre les parties qu'ils seraient payés d'avance, le terme qui a dû être payé est acquis du jour où le payement a dû en être fait (art. 1980). Il existe dans cet article 1980 un défaut de rédaction; on croirait d'après le texte que la rente est toujours assise sur la tête du créancier, car le premier alinéa se termine ainsi : « Dans la proportion du nombre de jours qu'il a vécu. » L'art. 1971 fait sentir l'erreur; aussi, pour être exact, le texte aurait dû dire : Dans la proportion du nombre de jours qu'a vécu la personne sur la tête de laquelle la rente a été constituée.

La rente viagère peut s'éteindre, du vivant même de la personne sur la tête de laquelle elle repose, par le rachat qui en serait permis par le créancier, par la remise, par la novation, par la confusion. De même que les rentes perpétuelles, elle est aussi sujette à la prescription; mais la manière la plus fréquente dont s'éteint la rente viagère c'est par la mort du rentier ou de la personne sur la tête de laquelle elle a été constituée. Enfin, si la rente a été constituée sur plusieurs têtes, qui d'après la loi de 1790 ne peuvent pas excéder le nombre de trois, elle s'éteindra à la mort de la dernière d'entre elles. Mais la rente ne serait pas éteinte dans le cas où le débiteur attenterait à la vie de la personne dont l'existence sert de base à la rente, et les héritiers pourraient demander au débiteur le remboursement du capital.

POSITIONS.

I. Si le prix de la vente d'un immeuble est converti en rente par le contrat même de vente, est-ce l'article 530 ou l'article 1911 (dernier alinéa), qui doit être appliqué? — L'article 530.

II. Le premier cas prévu par l'article 1912 s'applique-t-il aux rentes constituées moyennant l'aliénation d'un immeuble? — Non.

III. Si le débiteur ne peut pas fournir les sûretés promises par le contrat, il peut, suivant les cas, être admis à en fournir d'équivalentes.

IV. Le contrat de rente est résolu de plein droit par le seul fait du non-payement des arrérages pendant deux ans. Mais le débiteur doit toujours être mis en demeure par une sommation de payer.

V. Le rachat d'une rente constituée est indivisible.

VI. La constitution d'une rente viagère sur la tête de plusieurs personnes, dont l'une est morte dans les vingt jours d'une maladie dont elle était déjà atteinte au moment du contrat, est-elle nulle? — Non.

VII. La loi de 1807 est-elle applicable aux prêts de denrées? — Non.

Vu par le Président de la Thèse,   *Vu par le Doyen,*

A. DUVERGER.   **C. A. PELLAT.**

Paris — Typographie de Henri Plon, rue Garancière, 8.

www.ingramcontent.com/pod-product-compliance
Lightning Source LLC
Chambersburg PA
CBHW071442200326
41520CB00014B/3800